Learning German through Storytelling: Des Spielers Tod - a detective story for German language learners (includes exercises)

Copyright © 2012 André Klein
all text & illustrations by André Klein
first published on November 19, 2012 as Kindle Edition
First edition, Paperback – published January, 2013
ISBN-10: 1479186929
ISBN-13: 9781479186921

learnoutlive.com

Table of Contents

Introduction..4

How To Read This Book..............................6

1. „Der Drucker druckt nicht."....................9

    Übung..13

2. In der Fußgängerzone...........................14

    Übung..20

3. Das Elternhaus......................................22

    Übung..27

4. Der Bruder des Todes...........................29

    Übung..35

5. Kaffeepause...37

    Übung..41

6. „Großer Bruder".....................................43

    Übung..49

7. Frau Bayramoglu...................................51

    Übung..56

8. Ruhe In Frieden.....................................58

    Übung..63

9. Nachtgespräch......................................65

Übung	71
10. Naja Sputatrix Ata	73
Übung	80
11. Mittagsschlaf	82
Übung	85
12. Tag im Park	86
Übung	89
13. Neuer Versuch	91
Übung	94
Answer Key / Lösungen	96
Acknowledgements	97
About the Author	98
Collect all Episodes of the Bestselling Baumgartner & Momsen Murder Mystery Series by André Klein	99
Episode 1: Mord Am Morgen	100
Episode 2: Die Dritte Hand	101
Get Free News & Updates	102
You Might Also Like ...	103

Introduction

In German, detective stories are called *Krimis*. One of the most famous German *Krimis* is perhaps the TV-series *Tatort* which means *crime scene* and has been running since 1970 on television channels in Austria, Switzerland and Germany. Watching the weekly *Tatort* has become an almost iconic activity in everyday German culture. Each Sunday at 8:15pm, shortly after the evening news, millions are flocking to the screen to solve fresh crimes and mysteries.

This book is a detective story especially written for German learners. Not only does it invite readers to help solve a crime but also to pick up important *Krimi* vocabulary that can serve as a preparation for watching series such as *Tatort* and many others in the original.

Each chapter contains a selection of relevant words translated into English, and is followed by questions regarding the content. (The correct answers are to be found at the end of the book.)

While the writing itself primarily aims at an entertaining and interactive experience, the language is specially designed to familiarize the reader with unique forms of spoken German, with an emphasis on dialogue and the daily culture of speech.

This Book Contains:

- a page-turning story crammed with humor and suspense
- hand-drawn illustrations by the author
- special emphasis on idioms and natural German
- vocabulary sections with difficult and essential words translated to English
- exercises for comprehension training

How To Read This Book

Before we start, we should note that there will be unknown words in the following story and that there are, in fact, various ways to deal with this very common problem for language learners of all ages and stages.

Perhaps the best advice can be found in the words of Roald Dahl that appear in his children's novel *Matilda: "And don't worry about the bits you can't understand. Sit back and allow the words to wash around you, like music."*

Some readers will be content with this more intuitive approach while others feel they need to know each word in a sentence before they advance to the next.

There are two ways to satisfy these needs directly, without ever having to leave the text itself.

1. As already pointed out above, important or difficult words are appended to each chapter with an English translation.

2. For some readers this special selection will not be enough. In that case, navigating to a digital dictionary such as **dict.cc** on your computer or mobile device can be a very convenient support.

ANDRÉ KLEIN

1. „Der Drucker druckt nicht."

„ Es war ein ganz normaler Oktobertag. Der Himmel war mit schweren Wolken verhangen und vor den Fenstern der Mordkommission erschien die Welt in gleichmäßig tristem Grau.

„Katharina, kannst du mal kommen?", rief

Harald. Er starrte auf seinen Bildschirm und bewegte die Maus in kleinen hektischen Kreisen.

Katharina seufzte, erhob sich von ihrem Stuhl und lief zu Haralds Schreibtisch.

„Der Drucker druckt nicht", sagte er und klickte exemplarisch auf die Schaltfläche *drucken*. „Siehst du? Nichts!"

Er klickte abermals auf *drucken* und bevor er ein drittes Mal drücken konnte, schob ihn seine Kollegin beiseite.

„Gestern morgen ging es noch", sagte Harald, während Katharina sich durch die Einstellungen des Computers klickte.

„Vielleicht habe ich einen Virus", entgegnete Harald.

Katharina runzelte die Stirn und lächelte.

„Aber ich habe Antivirus installiert", sagte Harald.

„Warte mal", sagte Katharina. „Gestern war doch Generalreinigung!"

„Und?", fragte Harald

„Angenommen, du willst hier in dem Büro staubsaugen. Welche Steckdose würdest du nehmen?"

„Mmmh", sagte Harald und blickte sich in

dem kleinen Büro um. „Diese wahrscheinlich", sagte er und zeigte auf eine schulterhohe Steckdose neben seinem Schreibtisch.

„Eben", sagte Katharina, fischte ein Kabel hinter Haralds Schreibtisch hervor und steckte den Stecker in die Steckdose.

Der Drucker begann sofort zu blinken und zu rattern.

Harald schaute auf den Boden. „Das ... konnte ich ja nicht wissen", sagte er.

Nach ein paar Sekunden schob sich ein Papier aus dem Drucker. Katharina las: „*Erlesener Romantiker mittleren Alters sucht entspannte Frau für gemeinsame Mondnächte?* - ist das von dir?"

Harald riss seiner Kollegin das Papier aus der Hand, zerknüllte es und warf es in den Papierkorb. Katharina verkniff sich ein Grinsen.

Der Drucker hatte inzwischen eine zweite Kopie angefertigt und war dabei, eine dritte zu drucken.

Harald drückte einen Knopf, aber der Drucker war nicht von seiner Arbeit abzubringen. Er ratterte und spuckte eine Kopie nach der anderen aus. „Verdammt!", rief Harald und riss den Stecker aus der Steckdose.

Katharina konnte sich das Lachen nicht mehr verkneifen und prustete: „Erlesen ... Mondnächte ... Mensch, Harald, so schreibt man doch keine Kontaktanzeige!"

„Das ist ja wohl meine Sache, wie ich ...", begann Harald, aber das Telefon klingelte und seine Kollegin verstummte.

Sie nahm den Hörer ab und sagte immer noch grinsend: „Momsen, Mordkommission?"

Nach einer Weile sagte sie: „Okay." Das Grinsen war aus ihrem Gesicht verschwunden. „Wir kommen sofort."

Als sie aufgelegte hatte, sagte sie zu Harald: „Es gibt Arbeit."

~

mit Wolken verhangen: clouded, **Mordkommission**: homicide division, **erscheinen**: to appear, **gleichmäßig**: even, **trist**: dull, **Bildschirm**: screen, **hektisch**: hectic, **Kreis**: circle, **seufzen**: to sigh, **sich erheben**: to get up, **Drucker**: printer, **Schaltfläche**: button, **drucken**: to print, **abermals**: again, **beiseite schieben**: to shove aside, **Einstellung**: setting, **die Stirn runzeln**: to furrow one's brow, **Generalreinigung**: general cleansing, **angenommen**: suppose, **staubsaugen**: to vacuum, **Steckdose**: power outlet, **wahrscheinlich**: probably, **schulterhoch**: shoulder-high, **Stecker**: plug, **blinken**: to blink, **rattern**: to rattle, **erlesen**: distinguished, **mittleren Alters**: of middle age, **entspannt**: relaxed, **Mondnacht**: moon night, **jdm. etw. aus der Hand reißen**: to snatch sth. out of sb. hand, **Grinsen**: grin, **anfertigen**: to manufacture, **ausspucken**: to disgorge, **verdammt**: damned, **sich das Lachen verkneifen**: to refrain from laughing, **prusten**: to splutter, **Kontaktanzeige**: lonely hearts advertisement, ***Das ist meine Sache****: That's my business,* **verschwinden**: to disappear, **auflegen**: to hang up

Übung

1. Warum funktioniert der Drucker nicht?

a) er ist kaputt

b) der Stecker ist nicht eingesteckt

c) die Tintenpatrone ist leer

2. Was will Harald ausdrucken?

a) eine Kontaktanzeige

b) ein Wohnungsinserat

c) eine Vermisstenmeldung

3. Warum lacht Katharina?

a) weil Harald eine komische Frisur hat

b) weil Harald komisch schreibt

c) weil Harald komische Kleidung trägt

2. In der Fußgängerzone

~

In der Fußgängerzone herrschte ein reges Treiben. Jung und Alt bummelte von Geschäft zu Geschäft, auf der Jagd nach Schnäppchen und Geschenken für die Weihnachtszeit, völlig unbeirrt von dem nasskalten Wetter.

„Welche Nummer?", fragte Kommissar

Baumgartner und parkte den schwarzen BMW neben einem Metzgerladen.

„145", sagte Kommissarin Katharina Momsen, als sie aus dem Auto stieg.

„Hier ist die 87", sagte Harald und zeigte auf die Metzgerei.

„Da müssen wir wohl laufen", sagte Katharina.

„Oder wir setzen das Blaulicht auf und fahren durch", sagte Harald.

„Komm, die Bewegung wird dir gut tun. Das macht dich noch ... *erlesener*", sagte Katharina und lachte.

Harald antwortete nicht. Sie liefen schweigend die Fußgängerzone entlang, an Dönerläden, Schuhgeschäften und bettelnden Punks vorbei durch die Menschenmenge.

„Da vorne", rief Katharina nach ein paar Minuten. „Hundertfünfundvierzig!"

„Net-World Internet-Café?", sagte Harald.

Katharina nickte. Das Neonschild des Cafés glimmte grünlich. Die Schaufenster des Ladens waren mit schwarzer Folie verdeckt, welche mit Werbung und Preistafeln versehen war.

Das Innere des Cafés war spartanisch eingerichtet. An den dunkelroten, schlecht beleuchteten Wänden hingen vergilbte Poster von Soldaten und Panzern, Außerirdischen und Raumschiffen. In der Mitte des Zimmers standen ein Dutzend nummerierter Schreibtische mit Computern in Reihen eng beieinander. Die einzelnen Arbeitsplätze waren jeweils mit Holzplatten abgetrennt, um den Besuchern die Illusion einer Privatsphäre zu geben.

„Hübsch hier", sagte Katharina.

„Schau mal, wer da kommt", sagte Harald, als ein Mann in weißem Schutzanzug durch eine Tür aus dem Hinterraum trat.

„Ah, meine Kollegen", rief Grabowski über die leeren Tische hinweg und winkte die beiden heran.

Kommissar Baumgartner und Momsen folgten ihm in das Hinterzimmer, das genauso aussah wie der Vorraum, nur kleiner und mit weniger Tischen.

Die Kollegen von der Spurensicherung standen in weißen Anzügen im Raum verteilt und taten ihre Arbeit.

In der Ecke saß ein Junge von ungefähr sechzehn Jahren auf einem Drehstuhl, regungslos auf einen schwarzen Bildschirm starrend.

„Wieso ist der noch hier?", fragte Kommissar Harald Baumgartner und wollte den Jungen gerade bei der Schulter packen, als Grabowski rief: „Finger weg!"

„Ist er das?", fragte Kommissarin Katharina Momsen.

Grabowski nickte. „Er war Stammgast hier, spielte angeblich oft die ganze Nacht lang durch. Die Putzfrau hatte ihn gebeten, seinen Stuhl zu bewegen, und dann hat sie sehr schnell festgestellt, dass er das Zeitliche gesegnet hat."

Kommissar Baumgartner schüttelte den Kopf. Das blonde Haar des Jungen bedeckte seine Stirn. Unter den starr nach oben blickenden Augen zeichneten sich dunkle Ringe ab. Seine rechte Hand umfasste noch immer die Maus. Neben der Tastatur stand ein leeres Glas.

„Todesursache?", fragte Katharina Momsen.

Grabowski zog seine Handschuhe aus und sagte: „Warten wir den Laborbefund ab, aber ich tippe auf Herzversagen durch chronische Entkräftung."

„Wo ist die Putzfrau?", fragte Katharina.
„Schon auf dem Revier", antwortete Grabowski.

„Übrigens", sagte Baumgartner. „Wie sind Sie so schnell zum Tatort gekommen? Sind Sie auch gelaufen?"

„Mitnichten", entgegnete Grabowski. „Hinter dem Haus ist ein großer Parkplatz, war sehr leicht zu finden mit dem Navi. Warum fragen Sie?"

Kommissar Baumgartner drehte sich um, und Katharina verbiss sich ein Grinsen.

„Was hat er denn?", fragte Grabowski.

„Er weigert sich schon seit Jahren das Navi zu benutzen. Und wie sagt man so schön, was man nicht im Kopf hat …"

„Das macht man per pedes", sagte Grabowski und nickte.

~

es herrscht ein reges Treiben: there's a bustling activity, **bummeln** [ugs.]: to stroll, **auf der Jagd nach etw. sein**: to be on the hunt for sth., **Schnäppchen**: bargain, **Geschenk**: present, **unbeirrt**: unperturbed, **nasskalt**: dank, **Metzgerladen/Metzgerei**: butcher's shop, **Blaulicht**: blue light, **Bewegung**: movement, *Das wird dir gut tun*: It'll do you good, **schweigend**: silently, **entlanglaufen**: to walk along, **Fußgängerzone**: pedestrian precinct, **Dönerladen**: kebab stall, **Schuhgeschäft**: shoe shop, **betteln**: to beg, **Menschenmenge**: crowd, **Neonschild**: neon sign, **glimmen**: to glow, **grünlich**: greenish, **Schaufenster**: display window, **Werbung**: advertisement, **Preistafel**: price chart, **schlecht** beleuchtet: badly lit, **vergilbt**: yellowed, **Soldat**: soldier, **Außerirdischer**: extraterrestrial, **Raumschiff**: spaceship, **Dutzend**: dozen, **in Reihen**: in rows, **eng beieinander**: close to one another, **Arbeitsplätze**: workstation, **jeweils**: each, **Holzplatten**: wooden panels, **Besucher**: visitor, **um die Illusion von etw. zu geben**: to give the illusion of sth., **hübsch**: pretty, **Schutzanzug**: protective suit, **Hinterraum/Hinterzimmer**: back room, **winken**: to wave, **etw. sieht genauso aus**: sth. looks the same, **Vorraum**: front room, **Spurensicherung**: forensics, ver-

teilt: spread, **Drehstuhl:** swivel chair, **regungslos:** motionless, **starren:** to stare, *jdn.* **bei der Schulter packen:** to grab sb. by the shoulder, **Finger weg!**: Hands off!, **Stammgast:** regular visitor, **angeblich:** allegedly, **Putzfrau:** cleaning lady, *jdn.* **bitten etw. zu tun:** to ask to do sth., **feststellen:** to assess, *Er hat das Zeitliche gesegnet: He's gone to kingdom come,* **den Kopf schütteln:** to shake one's head, **starr nach oben blickend:** rigidly gazing upward, **etw. umfassen:** to clasp sth., **Tastatur:** keyboard, **Todesursache:** cause of death, **Handschuhe:** gloves, **Laborbefund:** test result, **auf etw. tippen:** to bet on sth., **Herzversagen:** heart failure, **chronische Entkräftung:** chronic exhaustion, **Tatort:** crime scene, **Revier:** police station, **mitnichten:** certainly not, **leicht zu finden:** easy to find, **Navi:** navigation system, **sich ein Grinsen verbeißen:** to refrain from grinning, *Was man nicht im Kopf hat, hat man in den Beinen: Those who can't use their head must use their back.*

Übung

1. Warum gehen die Kommissare zu Fuß zum Café?

a) weil das Café keinen Parkplatz hat

b) weil sie nicht wussten, dass es einen Parkplatz gibt

c) weil sie gerne zu Fuß gehen

2. Was finden die Kommissare im Internet-Café?

a) eine tote Frau

b) einen toten Mann

c) einen toten Jungen

3. Wer hat die Leiche gefunden?

a) die Putzfrau

b) der Postbote

c) der Café-Besitzer

4. Warum sind Grabowski und seine Kollegin vor den Kommissaren am Tatort angekommen?

a) sie können schneller laufen

b) sie haben ein besseres Auto

c) sie haben das Navigationsgerät benutzt

3. Das Elternhaus

„Biegen Sie in 100 Metern rechts ab", sagte die monotone Stimme des Navigationsgeräts.

Kommissar Baumgartner saß mit verschränkten Armen auf dem Beifahrersitz. Seine Kollegin saß am Steuer. Es herrschte absolute Stille im Innern des Wagens, bis auf die Stimme des Navis.

„Entfernung zum Ziel: 24 Meter."

Kommissarin Katharina Momsen parkte den BMW vor einer Reihenhaussiedlung.

„Genug geschmollt?", fragte sie, als sie die Handbremse zog und sich aus dem Anschnallgurt löste.

Harald Baumgartner antwortete nicht. Er stieg aus dem Auto und klingelte an einer Haustür.

Eine Frau mittleren Alters mit wasserstoffblonden langen Haaren und rotem Lippenstift öffnete die Tür.

„Frau Antonius?", sagte Kommissarin Momsen. Die Frau nickte.

„Kriminalpolizei, mein Name ist Momsen, das hier ist mein Kollege Baumgartner", sagte Katharina. „Können wir kurz reinkommen?"

Frau Antonius wies die beiden Polizisten ins Wohnzimmer.

„Frau Antonius, es tut mir sehr leid, aber Ihr Sohn wurde heute morgen in einem Internet-Café tot aufgefunden", sagte Katharina.

Frau Antonius starrte auf den Teppich und sagte nach einer Weile: „Tot? Mein Baby?"

„Wir wissen wie Sie sich jetzt fühlen, aber wir müssten Sie bitten, mit uns zu kommen und die Leiche zu identifizieren", sagte Katharina.

In dem Moment betrat ein Mann mit Halbglatze und Schnurrbart das Wohnzimmer. „Herr Antonius?", sagte Kommissar Baumgartner und stand auf.

„Unser Gabriel ...", sagte Frau Antonius leise und begann zu schluchzen.

„Polizei?", fragte Herr Antonius, immer noch stehend.

„Kripo, Mordkommission", sagte Harald Baumgartner.

Frau Antonius stockte in ihrem Schluchzen und sagte leise: „Mord?"

Die beiden Kommissare tauschten einen flüchtigen Blick. „Die Todesursache ist noch unbekannt", sagte Katharina.

„Unbekannt", wiederholte Herr Antonius und schüttelte den Kopf.

„Wir warten auf die Analyse aus dem Labor", sagte Katharina. „Das ist alles was ich Ihnen im Moment sagen kann."

Zu Frau Antonius sagte sie: „Wenn das alles zu viel für Sie ist, kann auch Ihr Mann die Identifizierung durchführen."

„Nein", sagte Frau Antonius und stand auf. „Wir gehen zusammen."

„Ich habe noch eine Frage", sagte Baumgartner und wandte sich an Herrn Antonius: „Wussten Sie, dass Ihr Sohn regelmäßig ins Internet-Café ging?"

Frau Antonius antwortete: „Als er noch den Computer zu Hause hatte, hat er den ganzen Tag davor gehockt. Aber seine Noten wurden immer schlechter und wir haben gesagt, er darf erst wieder spielen, wenn er die neunte Klasse schafft."

„Also ist er heimlich ins Café gegangen?", fragte Katharina.

„Uns hat er gesagt, er trifft sich mit Klassenkameraden zum Lernen oder übernachtet bei Freunden", sagte Herr Antonius. „Ich habe geahnt, dass das nicht stimmt, aber meine Frau und ich wir arbeiten beide, und wir können dem Jungen nicht Tag und Nacht hinterherspionieren."

~

abbiegen: to turn, **Navigationsgerät:** navigation (device), **mit verschränkten Armen:** with arms crossed, **Beifahrersitz:** passenger seat, **am Steuer:** at the wheel, **Reihenhaussiedlung:** estate of terraced houses, **schmollen** [ugs.]: to sulk, **die Handbremse ziehen:** to pull the handbrake, **Anschnallgurt:** seat belt, **sich lösen:** to free oneself, **wasserstoffblond:** peroxide blonde, **Lippenstift:** lipstick, **weisen:** to show, **Leiche:** corpse, **Halbglatze:** half-bald head, **Schnurrbart:** moustache, **schluchzen:** to sob, **stocken:** to falter, **ein flüchtiger Blick**: a glance, **vor dem Computer hocken** [ugs.]: to cower behind the computer, **Noten:** grades, **(eine Klasse) schaffen**: to pass (a grade), **heimlich:** secretly, **übernachten:** to stay overnight, **ahnen:** to suspect, *jdm.* **hinterherspionieren**: to spy on sb.

Übung

1. Wo sind die Kommissare?

a) im Elternhaus des Opfers

b) bei Freunden

c) bei Haralds Familie

2. Was wollen die Kommissare von Gabriels Mutter und Vater?

a) sie wollen sie festnehmen

b) sie bitten sie die Leiche zu identifizieren

c) sie wollen eine Telefonnummer haben

3. Warum haben Gabriels Eltern ihm verboten Computerspiele zu spielen?

a) seine Noten waren zu schlecht

b) er wurde aggressiv

c) er hatte Epilepsie

4. Wussten Gabriels Eltern, dass er ins Internet-Café ging?

a) ja, sie wussten es

b) nein, sie wussten es nicht

c) sie wussten es nicht, aber sie ahnten es

4. Der Bruder des Todes

Grabowski stand im weißen Kittel gebeugt über dem Seziertisch und pfiff eine Melodie.

"Achtung, der hat morgens eklig gute Laune", flüsterte Kommissar Baumgartner seiner Kollegin zu.

Katharina Momsen klopfte mit den Fingerknöcheln an den Türrahmen. Grabowski hielt in seinem Pfeifen inne und rief: „Ah, guten Morgen, verehrte Kollegen! Was führt Sie zu mir in so früher Stund'?"

„Früh? Es ist halb acht", sagte Katharina.

Grabowski schob einen Ärmel seines Kittels beiseite, schaute auf seine Uhr und sagte: „Tatsächlich."

„Haben Sie die ganze Nacht durchgearbeitet?", fragte Baumgartner.

„Hypnos ist der Bruder des Thanatos", rief Grabowski und zeigte auf die Leiche auf seinem Seziertisch.

„Hypno-was?", rief Baumgartner.

„Schlaf und Tod sind Brüder", sagte Katharina. „Alter griechischer Mythos."

„Woher weißt du das schon wieder?", fragte Harald.

„Allgemeinbildung, Herr Kollege", antwortete Grabowski.

Baumgartner streifte seine Kollegin mit einem scharfen Blick, den sie nur mit einem Achselzucken erwiderte.

„Apropos Thanatos, was haben Sie herausgefunden?", fragte Katharina.

„Es scheint, der Junge hatte vor nicht all zu langer Zeit einen Herzinfarkt", sagte Grabowski.

„Mit 17 Jahren?", fragte Baumgartner.

„Selbstverständlich", sagte Grabowski. „Nicht in der Regel, aber bei angeborenen Fettstoffwechselstörungen oder übermäßigem Kokainkonsum ist es keine Seltenheit."

„Haben Sie Kokainspuren im Blut gefunden?", fragte Katharina.

Grabowski schüttelte den Kopf.

„Und mit dem Herzinfarkt sind Sie sich sicher?", fragte Katharina.

„Absolut. Selbst der kleinste Infarkt hinterlässt Spuren am Herzmuskel. Da entstehen kleine Narben, möchten Sie einmal sehen?", fragte Grabowski und wandte sich der Leiche zu.

„Nicht am frühen Morgen, danke", sagte Katharina.

„Also hat die Pumpe schlapp gemacht?", fragte Baumgartner.

„Anscheinend nicht", sagte Grabowski.

„Anscheinend?", fragte Katharina.

„Ich habe mit dem Hausarzt des Toten telefoniert. Der Infarkt war vor einem Jahr. Man hat ihm geraten, sich regelmäßig überprüfen zu lassen, aber von akuter Todesgefahr konnte nicht die Rede sein", sagte Grabowski.

„Also war die Todesursache nicht Herzstillstand?", fragte Baumgartner.

„Höchstwahrscheinlich nicht. Ich tippe jedoch auf Lungenversagen", sagte Grabowski.

„Aber sicher sind Sie sich nicht?", fragte Katharina.

„Meine Kollegen im Labor arbeiten dran", sagte Grabowski. „Aber das alles erinnert mich an etwas..."

„Nämlich?", fragte Katharina.

„Im vorigen Jahr gab es eine Reihe ähnlicher Todesfälle in Taiwan. Die Situation war dieselbe: Jugendliche spielten 40 Stunden oder mehr am Computer und... *aus die Maus*!", sagte Grabowski und schlug mit der flachen Hand auf den Tisch.

„Einfach so?", fragte Baumgartner.

„Manche Computerspiele erzeugen einen hohen Grad der Anspannung. Der Blutdruck steigt, die Herzfrequenz ebenso, und wenn dieser Zustand zulange andauert, dann stellt sich irgendwann eine Dysautonomie ein", sagte Grabowski.

„Bedeutet?", fragte Katharina.

„Das vegetative Nervensystem, welches, wie Sie vielleicht wissen, grundlegende Körperfunktionen wie Atmung, Herzschlag und Blutdruck reguliert, hält dem Druck nicht mehr stand und gibt klein bei", sagte Grabowski.

„Mit anderen Worten, Computerspiele machen nicht nur dumm, sondern sind sogar tödlich?", fragte Baumgartner.

„Nicht zwingend, aber bei schlechter Belüftung, mangelnder Bewegung und einer Reihe anderer Faktoren bekommt die Bezeichnung *'Killerspiele'* eine ganz neue Bedeutung, finden Sie nicht?", sagte Grabowski.

~

Kittel: gown, **gebeugt:** bent, **Seziertisch:** dissecting table, **pfeifen:** to whistle, **eklig:** disgusting, **Laune:** mood, **flüstern:** to whisper, **Fingerknöchel:** knuckles, **innehalten:** to pause, **Ärmel:** sleeve, **tatsächlich:** indeed, **Allgemeinbildung:** general education, *jdn.* **mit scharfem Blick streifen:** to cut sb. a look, **Achselzucken:** shrug, **erwidern:** to respond, **vor nicht all zu langer Zeit:** not long ago, **Herzinfarkt:** heart attack, **nicht in der Regel:** not usually, **angeboren:** hereditary, **Fettstoffwechselstörung:** lipid metabolic disorder, **übermäßig:** excessive, **Seltenheit:** rarity, **Konsum:** consumption, **Spuren:** traces, **Narbe:** scar, **sich** *jdm.* **zuwenden:** to give one's attention to sb., **Pumpe** [ugs.]: heart, **schlappmachen** [ugs.]: to wilt, *Davon kann keine Rede sein*: There can be no question of it., **Lungenversagen:** respiratory failure, **aus die Maus:** over and done, **Anspannung:** tension, **Zustand:** state, **vegetatives Nervensystem:** autonomic nervous system, **Körperfunktionen:** somatic functions, **Atmung:** respiration, **Blutdruck:** blood pressure, **etw. standhalten:** to withstand,

klein beigeben: to cave in, **nicht zwingend:** inconclusively, **Belüftung:** ventilation, **mangelnd**: insufficient

Übung

1. Was hat Grabowski über den Jungen herausgefunden?

a) er hatte Kokain im Blut

b) er war Alkoholiker

c) er hatte einen Herzinfarkt

2. Woran ist Gabriel gestorben?

a) Herzstillstand

b) Erstickung

c) Grabowski ist sich nicht sicher

3. Jugendliche in Taiwan ...

a) sind im Internet-Café gestorben

b) haben im Internet-Café gemordet

c) haben im Internet-Café geschlafen

4. Was war in diesen Fällen die Todesursache?

a) Erstickung durch mangelnde Luftversorgung

b) Kollaps des vegetativen Nervensystems

c) Dehydrierung

5. Kaffeepause

Die Luft im Park war eisig und die Bäume standen kahl unter grauem Himmel. Es waren nur vereinzelte Spaziergänger unterwegs, ein paar Jogger und Hunde mit ihren Herrchen und Frauchen.

Katharina Momsen und Harald Baumgartner saßen auf einer Parkbank und wärmten ihre Hände an ihren Kaffeebechern.

„Hast du die Zeitung heute morgen gesehen?", fragte Harald.

Katharina schüttelte den Kopf.

„Tod durch Killerspiele", sagte Harald. „Und ein Spezial über die Folgen der Internetsucht."

„Was sagt eigentlich der Rommelmeyer dazu?", fragte Katharina.

„Keine Ahnung,", sagte Harald. „Mich wundert es, dass er uns noch nicht in sein Büro bestellt hat."

„Er ist erst seit vorgestern aus dem Urlaub zurück. Dominikanische Republik, hab' ich gehört. Vielleicht hatte er eine Urlaubsromanze und ist geistig noch nicht ganz angekommen", sagte Katharina.

„Romanze? Der Rommelmeyer? Der ist doch verheiratet!", sagte Harald, als Katharinas Handy klingelte.

„Oh, wenn man vom Teufel spricht", sagte Katharina, zog ihr Handy aus der Manteltasche, drückte einen Knopf und sagte: „Ja ... okay ... nein ... aha ... verstanden ... wiederhören."

„Mann, hatte der eine Laune", sagte Kommissarin Momsen.

„Hat er etwas über den Fall gesagt?", fragte Harald.

Katharina nickte und antwortete: „Ja, der Herr Staatsanwalt besteht darauf, dass wir den Fall behalten und zu Ende bringen."

Harald stöhnte. „Das ist ein Fall für die Sozialpsychologen, nicht für die Mordkommission. Der Junge hat Probleme in der Schule, die Eltern passen nicht auf, er sitzt zu lange im Internet-Café, zockt irgendwelche Ballerspiele und kippt aus den Latschen ... traurig, aber was hat das mit uns zu tun?"

„Die Staatsanwaltschaft sagt, so lange die Todesursache nicht eindeutig geklärt ist, bleibt der Fall in der Mordkommission. Basta!", sagte Katharina und warf ihren leeren Kaffeebecher in einen Mülleimer.

„Mit anderen Worten, wir müssen warten, bis der Grabowski sich zu einem Urteil durchringt und seinen Kaiser Wilhelm druntersetzt", sagte Harald.

Katharina nickte und stand auf.

„Wo gehst du hin?", fragte Harald.

„Ins Internet-Café", sagte Katharina. „Hast du eine bessere Idee?"

Kommissar Harald Baumgartner schüttelte den Kopf.

~

eisig: icy, **kahl:** bald, **vereinzelt:** scattered, **Spaziergänger:** walkers, **Herrchen/Frauchen:** master of a dog, **Becher:** cup, **Killerspiel** [ugs.]: violent computer game, **Internetsucht:** internet addiction, *Keine Ahnung*: *no clue,* **Es wundert mich**: *I'm surprised,* **vorgestern:** two days ago, **Urlaubsromanze** [ugs.]: holiday romance, **Handy**: mobile phone, **geistig angekommen:** mentally arrived, **verheiratet:** married, *Wenn man vom Teufel spricht*: *Speaking about the devil,* **wiederhören:** goodbye (telephone), **eine Laune haben:** to have a (bad) mood, **Staatsanwalt:** prosecutor, **auf etw. bestehen:** to insist on sth., **Ballerspiel** [ugs.]: shoot-em-up game, **zocken** [ugs.]: to play computer games, *aus den Latschen kippen*: to keel over, **Staatsanwaltschaft:** prosecution, **eindeutig:** unambiguous, *Basta!*: *Period!,* **Mülleimer:** trash bin, **sich zu etw. durchringen**: to bring oneself to do sth., *seinen Kaiser Wilhelm druntersetzen*: *to put one's John Hancock*

Übung

1. Wo sind die Kommissare?

a) sie trinken Kaffee im Park

b) sie laufen durch den Park

c) sie sitzen in einem Café

2. Wer ist Herr Rommelmeyer?

a) das Staatsoberhaupt

b) der Staatsanwalt

c) der Staatsminister

3. Was will Herr Rommelmeyer?

a) dass die Kommissare den Fall abgeben

b) dass die Kommissare den Fall behalten

c) dass die Kommissare den Fall vergessen

4. Warum ist Kommissar Baumgartner nicht zufrieden?

a) er denkt, dass Gabriels Tod kein Mordfall ist

b) er denkt, dass Gabriels Tod schwierig zu klären ist

c) er denkt, dass er Urlaub braucht

ANDRÉ KLEIN

6. „Großer Bruder"

Der Inhaber des Internet-Cafés war ein Mann Mitte vierzig mit einer Halbglatze und einem Schnäuzer. Er saß hinter der Theke auf einem Drehstuhl und schaute Fußball auf seinem Bildschirm.

„Lahmärsche!", rief er und schlug mit der flachen Hand auf den Tisch, als das Fußballspiel in eine ihm unerwünschte Richtung ging.

„Kripo, Mordkommission", sagte Harald Baumgartner und hielt seinen Ausweis zwischen den Bildschirm und die Augen des Café-Besitzers.

„Hey, was soll das!", rief der Mann.

„Wir können Sie auch mitnehmen, wenn Ihnen das lieber ist", sagte Katharina.

„Schon gut", sagte der Mann und klickte das Fußballvideo weg. „Was wollen Sie?"

„Es geht um den Jungen, Gabriel Antonius", sagte Harald.

„Wen?", fragte der Mann.

„Der Junge, der in Ihrem ... Etablissement verstorben ist!" , sagte Harald.

„Ah", sagte der Café-Besitzer. „Traurige Geschichte."

„Kannten Sie den Jungen gut, Herr ...?", fragte Katharina.

„Karminski", sagte er. „Nein, ich kannte den Jungen nicht."

„Wissen Sie, welche Spiele er gespielt hat?", fragte Baumgartner.

„Notgedrungen", sagte Herr Karminski und zeigte auf eine Reihe von Nummern auf seinem

Bildschirm. „Sind das die Nummern der Tische?", fragte Katharina.

„Gut kombiniert", sagte Karminski und klickte auf Nummer fünf. Ein Fenster öffnete sich und man sah einen Mauszeiger, wie er sich durch Postfächer bewegte. Dann klickte Karminski auf Nummer dreizehn. In dem Fenster, das sich öffnete, lief ein Zombie auf die Kamera zu, und man sah kurz ein Schwert aufblitzen. Hinter Nummer zwei verbarg sich eine lange Liste, die sich langsam nach oben bewegte. Karminski vergrößerte das Fenster, runzelte die Stirn und rief durch das Café: „Hey, Nummer 2, noch eine Verwarnung und du bist raus!"

Auf seinem Bildschirm verschwand die Liste, und man sah nun ein Video mit einer Katze, die sich in einem Karton versteckte.

„Wir haben klare Regeln hier", sagte Karminski zu den Kommissaren. „Keine Pornos, keine Downloads!"

„Und was ist mit der Privatsphäre?", fragte Harald. „Sie haben ja Zugriff auf sämtliche persönliche Daten Ihrer Kunden!"

„Im Netz ist sowieso niemand anonym", sagte Herr Karminski. „Alle persönlichen Daten gehen an die Werbeindustrie, von staatlicher Überwachung einmal ganz zu schweigen!"

„Trotzdem spionieren Sie ihre Kunden aus", sagte Kommissar Baumgartner.

„Glauben Sie, dass ich eine Wahl habe? Wenn hier jemand Filme oder Musik herunterlädt, dann muss ich es später ausbaden, nicht meine Kunden. Das heißt, entweder ich schaue ihnen über die Schulter, oder ich kann meinen Laden dichtmachen!", sagte Karminski.

„Kam Gabriel allein oder mit Freunden?", fragte Kommissarin Momsen.

„Alle ernsten Spieler kommen allein", sagte Karminski.

„Hatte er Kontakte zu anderen Leuten in Ihrem Café?", fragte Harald.

„Hier hat er mit keinem gesprochen", sagte Karminski.

„Und im Internet?", fragte Harald.

„Weiß ich nicht", sagte Karminski und runzelte die Stirn.

„Nehmen Sie das auf?", fragte Kommissarin Momsen und zeigte auf das Überwachungssystem.

Karminski nickte zögernd.

„Sie haben die Wahl, entweder Sie sagen uns was Sie wissen, oder wir nehmen ihren Computer mit", sagte Harald.

„Okay", sagte Karminski.

„Nun?", sagte Katharina.

„Er war in Kontakt mit seinem Clan", sagte Karminski.

„Mit seinem was?", fragte Harald.

„Das ist so wie ... ein Fußballteam", sagte Karminski.

„Und wie heißt der Clan?", fragte Katharina.

„Weiß ich nicht", sagte Karminski.

„Dann geben Sie uns den Computer und wir schauen selber nach!", sagte Baumgartner.

„Gut", sagte Karminski und seufzte. „XT."

„Einfach nur XT?", fragte Katharina.

Karminski zuckte mit den Schultern und sagte: „Ja, keine Ahnung."

„Den Computer müssen Sie uns aber trotzdem geben!", sagte Katharina.

„Was?", rief Karminski und sprang auf. „Und wie soll ich hier arbeiten?"

„Nehmen Sie einfach einen anderen", sagte Harald und legte seine Hand auf Karminskis Bildschirm. „Der hier ist beschlagnahmt."

„Ich...ich...werde Sie verklagen!", rief Karminski.
„Wie es Ihnen beliebt", sagte Katharina und schaltete Karminskis Computer aus.

~

Inhaber: owner, **Schnäuzer:** handlebar moustache, **Theke:** counter, **Lahmarsch** [ugs.]: slow poke, **unerwünscht:** undesired, **Ausweis:** identification, **notgedrungen:** unavoidably, **Mauszeiger:** (mouse) cursor, **Postfach:** post box, **Schwert:** sword, **aufblitzen:** to flash, **verbergen:** to conceal, **Verwarnung:** warning, **verstecken:** to hide, **Regeln:** rules, **Privatsphäre:** privacy, **Zugriff:** access, **Kunde:** customer, **Netz:** net, **Werbeindustrie:** ad industry, **staatliche Überwachung:** government surveillance, **von ... ganz zu schweigen:** not to mention ..., **jdn. ausspionieren:** to spy on sb., **herunterladen:** to download, *etw. für jdn. ausbaden müssen*: *to carry the can for sb.,* **dichtmachen** [ugs.]: to shut up shop, **Überwachungssystem:** monitoring system, **die Wahl haben:** to have the option, **Clan:** clan (group of gamers), **nachschauen:** to have a look, **beschlagnahmen:** to confiscate, *wie es Ihnen beliebt*: *at your leisure*

Übung

1. Kannte Herr Karminski Gabriel gut?

a) ja

b) nein

2. Was zeigt Karminski den Kommissaren auf seinem Bildschirm?

a) ein Überwachungssystem

b) ein Unterrichtssystem

c) ein Zahlungssystem

3. Warum überwacht Karminski seine Kunden?

a) damit er ihre persönlichen Daten stehlen kann

b) damit er nicht für ihre illegalen Handlungen bestraft wird

c) damit er ihre Emails lesen kann

4. Zu wem hatte Gabriel im Internet Kontakt?

a) zu seiner Freundin aus Amerika

b) zu Hackern

c) zu einem Clan

5. Was ist ein *Clan*?

a) eine Gruppe von Fußballspielern

b) eine Gruppe von Computerspielern

c) eine Gruppe von Tennisspielern

7. Frau Bayramoglu

„Und jetzt?", sagte Katharina, als sie ins Auto stieg.

„Jetzt sprechen wir erst einmal mit der Putzfrau", sagte Harald und startete den Motor. „Wagnerweg 23/141."

Katharina wollte gerade das Navigationsgerät anschalten, als Harald den Kopf schüttelte und eine Karte aus dem Handschuhfach zog. „Hier, heute benutzen wir unseren Verstand", sagte er und gab Katharina eine Stadtkarte.

Nach einer Weile fragte er: „Und? Schon gefunden?"

„Ja, aber ich finde *uns* nicht", antwortete sie.

„Du hältst die Karte ja auch falsch herum", sagte Harald. „Da oben", sagte er und zeigte auf die Karte.

Innerhalb weniger Minuten erreichten die Kommissare die Sozialwohnungssiedlung im Norden der Stadt.

Quaderförmige zwanzigstöckige Wohnblöcke ragten in den Himmel, und auf nahezu allen Balkonen waren Satellitenschüsseln montiert.

„Wagnerweg", sagte Katharina. „Da ist das Straßenschild!"

„Siehst du", sagte Harald. „Geht auch ohne technischen Schnickschnack."

Die Kommissare stiegen aus dem Auto und näherten sich Block 23.

„Hier sind mehr als 120 Wohnungen", sagte Harald und zeigte auf die vielen Klingelschilder.

Katharina suchte nickend nach dem Namen der Putzfrau und klingelte.

„Ja?", krächzte der Lautsprecher.

„Kriminalpolizei", sagte Harald. „Können wir kurz raufkommen?"

Die Tür summte und öffnete sich. Die Kommissare liefen an mehr als 120 Briefkästen vorbei zu den Aufzügen, deren Türen eingedellt waren und einen unangenehmen Geruch verströmten, als sie sich öffneten.

„Achtzehnter Stock", sagte Harald.

Oben angekommen klopfte Katharina an eine Tür mit der Nummer 141.

Man hörte das Rasseln einer Kette und eine Frau im geblümten Kopftuch schaute durch den Türspalt.

„Frau Bayramoglu?", sagte Harald. „Kriminalpolizei. Wir haben ein paar Fragen."

„Ich habe meine Aussage bereits gemacht", sagte sie in akzentfreiem Deutsch.

„Das wissen wir, aber wir brauchen Ihre Hilfe", sagte Katharina.

„Gut, kommen Sie", sagte Frau Bayramoglu.

Bevor Harald die Wohnung betrat, stieß Katharina ihm in die Rippen und flüsterte: „Harald! Schuhe!"

Die Kommissare zogen ihre Schuhe aus und

stellten sie im Eingangsbereich der kleinen Wohnung ab. Ein ungewohnter aber angenehmer Geruch lag in der Luft.

Das Wohnzimmer hatte eine große Fensterfront mit Blick über die gesamte Stadt. „Schöne Aussicht haben Sie", sagte Katharina und schaute durch die Glasscheibe.

Frau Bayramoglu sagte: „Setzen Sie sich."

Sie ging durch einen Perlenvorhang in eine kleine Küche und drehte den Kommissaren den Rücken zu.

„Frau Bayramoglu, können Sie uns noch einmal genau schildern, wie Sie die Leiche gefunden haben", sagte Kommissarin Momsen.

„Da gibt es nicht viel zu schildern", rief Frau Bayramoglu aus der Küche und rührte in einem Kochtopf. „Ich hatte Spätschicht, habe den Jungen gebeten kurz aufzustehen, damit ich staubsaugen kann, aber er hat sich nicht bewegt. Also habe ich Sie angerufen."

„War sonst noch jemand in dem Café?", fragte Harald.

„Nein, der Junge war der letzte", sagte sie.

„Und ihr Chef?", fragte Katharina.

„Als ich gekommen bin, hat Herr Karminski

dem Jungen noch eine Cola gebracht, dann ist er gegangen", sagte Frau Bayramoglu.

„Wann war das?", fragte Kommissar Baumgartner.

„Nach Mitternacht, ich glaube halb eins", sagte Frau Bayramoglu.

~

Handschuhfach: glove compartment, **Verstand**: brains, **Stadtkarte**: city map, **Sozialwohnungssiedlung**: the projects, **quaderförmig**: cuboid shaped, **ragen**: to loom, **zwanzigstöckig**: twenty stories high, **Satellitenschüssel**: satellite dish, **montieren**: to install, **Straßenschild**: street sign, **Schnickschnack**: bells and whistles, **Klingelschild**: door bell nameplate, **summen**: to buzz, **Aufzug**: elevator, **eingedellt**: dented, **unangenehm**: unpleasant, **einen Geruch verströmen**: to emit an odour, **Aussage**: statement, *jdn.* **in die Rippen stoßen**: to poke sb. in the ribs, **ungewohnt**: unfamiliar, **Perlenvorhang**: bead curtain, **schildern**: to describe

Übung

1. Wer ist Frau Bayramoglu?

a) Karminskis Putzfrau

b) Karminskis Sekretärin

c) Karminskis Ehefrau

2. Wo wohnt Frau Bayramoglu?

a) in einem Reihenhaus

b) in einem Wohnblock

c) in einer Villa

3. In welchem Stockwerk befindet sich ihre Wohnung?

a) im achtzigsten

b) im siebzehnten

c) im achtzehnten

4. Wann hat Frau Bayramoglu die Leiche gefunden?

a) gegen halb zwei

b) gegen halb zwölf

c) gegen halb eins

8. Ruhe In Frieden

„Katharina?", sagte Baumgartner. „Komm mal, bitte!"

„Hast du eine neue Annonce verfasst?", sagte Katharina.

„Ich meine es ernst", sagte Harald.

„Sekunde", sagte Katharina. „Ich gucke gerade die Aufnahmen. Das sind mehr als 200

Stunden sinnloses Gerenne und Geballer! Aber zumindest wissen wir jetzt seinen Namen!"

Baumgartner schien seine Kollegin nicht zu hören. Sie verließ ihren Schreibtisch und stellte sich neben ihn.

„Siehst du das?", fragte er und zeigte auf seinen Bildschirm, wo eine Art Medaille zu sehen war, umrankt von grünen Blättern und mythischen Kreaturen, menschenähnliche Wesen mit Hörnern, Flügeln und Klauen. In der Mitte stand in massiven Lettern geschrieben: „R.I.P *Aven-Gelion*"

„Das ist er", sagte Katharina. „Sein Name!"

„Gabriel?", fragte Harald. „Ich habe das hier über eine Suchmaschine gefunden. Das muss die Seite des Clans sein."

„Klick mal da oben!", sagte Katharina.

Kommissar Baumgartner klickte, und es war eine lange Liste von Bildern mit Kurzbeschreibungen zu sehen.

„Sieht aus wie ein Personenregister", sagte Harald.

„Drück mal *Steuerung F*", sagte Katharina.

„Steuerung *was*?", fragte Baumgartner.

„Komm, gib her", sagte seine Kollegin und

beugte sich über die Tastatur, spreizte die Finger und tippte ein paar Buchstaben. „Da ist er!"

Neben dem Namen *AvenGelion* stand in Klammern „R.I.P". Auf dem Foto posierte ein blauer Minotaurus mit einem Maschinengewehr vor der Ruine eines Wolkenkratzers.

„Soviel zum Thema Selbstwahrnehmung", sagte Baumgartner."

„Aha, da ist der IRC Channel", sagte Katharina.

„Irk?", fragte Kommissar Baumgartner.

„Warte, ich logge uns ein", sagte sie wild tippend und klickend.

„Willst du dich setzen?", fragte Harald und stand auf, aber Kommissarin Momsen setzte sich nicht.

Harald Baumgartner lief durch das Büro, die Hände hinter dem Rücken verschränkt und sagte: „Meinst du seine Eltern haben das gewusst mit dem Clan?"

„Psst", zischte Katharina und tippte weiter. „Ich hab's gleich!"

In dem Moment klopfte es an der Tür und Grabowski kam hereinspaziert. Er lächelte selbstgefällig aber sagte nichts. „Was ist, Grabowski? Haben Sie Neuigkeiten für uns?", fragte Kommissar Baumgartner.

„So könnte man es nennen. Der Labortest hat Neurotoxine nachgewiesen", sagte Grabowski.

„Nervengift?", fragte Harald. Grabowski nickte und sagte: „Ein sehr eigenartiges sogar."

„Rücken Sie schon raus mit der Sprache", rief Kommissar Baumgartner.

„Ruhe!", rief Katharina. „Ich kann so nicht arbeiten!"

„Was macht sie denn da?", fragte Grabowski.

„Sie versucht die Freunde unseres militanten Minotaurus zu kontaktieren", sagte Harald und fügte hinzu. „Da verschlägt es Ihnen die Sprache, Herr Kollege, nicht wahr?"

„*Naja sputatrix atra*", sagte Grabowski.

„Wie bitte?", sagte Baumgartner.

„Das ist der Name der Schlange", sagte Grabowski.

„Welche Schlange?", fragte Harald.

„Von der das Gift stammt!", sagte Grabowski. „Da verschlägt es nun Ihnen die Sprache, nicht wahr?"

Mit diesen Worten verließ Grabowski das Büro und ließ Harald verwundert in der Mitte des Raumes stehen. „Katharina, hast du das ...", begann er.

„Sie wollen uns treffen", rief Kommissarin Momsen und tippte weiter.

Nach ein paar Minuten schlug sie mit der Hand auf die Tischplatte und rief: „Um neun am alten Bahnhof."

~

Annonce: advertisement, **ernst**: serious, **Aufnahmen**: recordings, **sinnlos**: meaningless, **Gerenne** [ugs.]: running around, **Geballer** [ugs.]: shooting around, **Medaille**: medal, **umrankt**: clad, **menschenähnlich**: human-like, **Wesen**: creature, **Hörner**: horns, **Flügel**: wings, **Klauen**: claws, **Suchmaschine**: search engine, **Kurzbeschreibung**: short description, **Steuerung**: control (button), **etw. spreizen**: to spread sth. apart, **Klammern**: brackets, **Maschinengewehr**: machine gun, **Wolkenkratzers**: sky scraper, *Soviel zum Thema* ...: *so much for* ..., **Selbstwahrnehmung**: self-perception, **IRC**: Internet Relay Chat, *jdn.* **einloggen**: to log sb. in, **Hände hinter dem Rücken verschränkt**: hands clasped behind the back, **hereinspazieren**: to wander in, **selbstgefällig**: complacent, **Neuigkeiten**: news, **mit der Sprache herausrücken**: to come out with it, *jdm.* **die Sprache verschlagen**: to leave sb. speechless, **Schlange**: snake, **Gift**: poison, **Tischplatte**: table top

Übung

1. Wie nannte sich Gabriel in Computerspielen?

a) *AvenGabriel*

b) *AvenGelion*

c) *EvanGelion*

2. Wie präsentierte sich Gabriel auf der Internetseite des Clans?

a) als blauer Minotaurus

b) als grüner Zyklop

c) als roter Zwerg

3. Welche Neuigkeiten hat Grabowski für die Kommissare?

a) der Labortest hat Schlangengift festgestellt

b) der Labortest hat Rauschgift festgestellt

c) der Labortest hat Rattengift festgestellt

4. Warum will Katharina nicht gestört werden?

a) sie redet im Chat mit ihrer Freundin

b) sie redet im Chat mit dem Clan

c) sie redet im Chat mit dem Staatsanwalt

9. Nachtgespräch

An den Straßenseiten standen verlassene Fabrikhallen mit eingeschlagenen Fenstern und verrosteten Dächern. Der Asphalt glühte orange im Licht der Straßenlampen.

„Hast du deine Waffe?", fragte Kommissarin Momsen.

Baumgartner nickte, die Hände am Lenkrad.

„Hast du gesagt, du kommst allein?"

„Nee, nur ich und das SEK ... Mensch! Für wie dumm hältst du mich?", sagte sie. „Die haben keine Ahnung, dass ich von der Polizei bin, und das soll auch so bleiben."

Harald schwieg eine Weile und sagte: „Ist das nicht, wovor wir die Leute warnen sollen?"

„Wovor?", sagte Katharina.

„Dass man sich nicht mit Fremden im Internet verabreden soll", sagte Harald.

Kommissarin Momsen lachte, zog ihre Pistole aus dem Schulterhalfter und legte sie ins Handschuhfach. Dann sagte sie: „Lass mich da vorne raus", und zeigte an eine Straßenecke.

Als er den Wagen anhielt und sie ausstieg, sagte er: „Pass auf dich auf!"

Kommissarin Katharina Momsen lief über einen unbeleuchteten Kiesweg in Richtung des alten Bahnhofs, der mehrere hundert Meter zu ihrer Linken lag.

Sie schaute auf die Uhr. Es war zehn Minuten vor neun. Als sie näher kam und beinahe die Zeiger der alten Bahnhofsuhr erkennen konnte, hörte sie ein Flüstern aus dem Dunkel. „Hey! Psst!"

Sie drehte sich um und stand einem jungen Mann Mitte zwanzig gegenüber, der eine Brille und einen Dreitagebart trug.

„Psst, hier", sagte er und führte Katharina zu einer bröckligen Wand.

„Woher kennst du Avengelion?", fragte er und zündete eine Zigarette an.

„Ich bin eine alte Freundin", sagte Katharina. „Und ich habe das Gefühl, irgendetwas stimmt nicht mit der Art, wie er gestorben ist."

„Das ist milde ausgedrückt", sagte er. Der orangene Punkt seiner Zigarette zeichnete Bilder in die Nacht, als er fortfuhr: „Wusstest du, dass ein Hardwarehersteller ihm vor zwei Jahren einen Vertrag angeboten hat?"

„Nein", sagte Katharina und stützte sich mit einer Hand an der alten Wand ab.

„Er hatte die Chance ganz oben in der Liga zu spielen, mit Sponsoring und allem, bar auf die Kralle", sagte er.

„Aber?", fragte Katharina.

„Er wollte nicht und hat sich über die ganze Vermarktungsmaschinerie lustig gemacht. Wir haben gedacht, er spinnt. Das war unser größter Traum, vom Zocken leben zu können. Aber er hat gesagt, es würde ihm den Spaß am Spiel verderben. Und letztendlich ist es dann trotzdem passiert ...", sagt er.

„Was meinst du?", sagte Katharina und betrachtete die eingeschlagenen Fenster des alten Bahnhofs.

„Er war der jüngste von uns, aber auch der beste. Und es gab noch jemanden, der beinahe so gut war wie er, aber eben nur beinahe", sagte er.

„Wen?", fragte Katharina.

„Er war nur virtuelles Mitglied", antwortete er. „Seinen Real Life Namen wollte er uns nie verraten. Im Netz nannte er sich *green-IC3*, aber wir nannten ihn einfach Grün."

„Hat er auch einen Vertrag bekommen?", sagte Katharina.

„Nein", sagte er und trat die Zigarette unter dem Absatz aus. „Eigentlich war es unfair. Er war nicht nur viel älter und hatte mehr Spielerfahrung, er trainierte sehr hart, wenn man seinen Posts im Forum glauben konnte. Für Avengelion war das alles nur ein Spiel!"

„Und was hat ... Grün gemacht, als er gehört hat, dass Gabriel ... ich meine ... Avengelion den

Vertrag abgelehnt hat?", fragte Katharina.

„Für ihn war das, als ob Avengelion ihm den Vertrag gestohlen hätte. Er ist nicht mehr im Chat erschienen, hat nicht mehr im Forum gepostet. Aber er war in den Matches trotzdem immer dabei. Und da ist es uns aufgefallen ...", sagte der junge Mann.

„Was ist euch aufgefallen?", fragte Katharina.

„Dass er sich in den Spielen nur noch darauf konzentrierte Avengelion zu fraggen", sagte er.

„*Fraggen*? Das bedeutet jemanden im Spiel töten?", fragte Katharina.

„Korrekt", sagte er und zündete sich eine neue Zigarette an. „Es war als ob Grün zwanghaft nach Mitteln und Wegen suchte, ihn zu demütigen. Er wartete auf den Dächern und schoss ihm in den Kopf und legte ihm Granaten in den Weg, selbst wenn die beiden im gleichen Team spielten. Er tippte Todesdrohungen in den Chat, die weit über das Spiel hinausgingen. Zuerst dachten wir nur, das sei kindisch, aber irgendwann kickten wir ihn dann vom Server. Und er kam immer wieder mit anderem Namen und hat die IP-Sperre umgangen. Bis er eines Tages plötzlich weg war."

„Wie, weg?", fragte Katharina.
„Vom Erdboden verschluckt", sagte er. „Verschwunden!"
„Und niemand weiß, wo er jetzt ist?", fragte Katharina.
„Nein", sagte er. „Es gibt Gerüchte, dass er nach Taiwan ausgewandert ist und dort als Trainer für aufsteigende Clans arbeitet. Aber wenn es jemanden auf dieser Welt gibt, der Avengelion mehr gehasst hat als alle anderen, dann ist er es!"
„So weit, dass er ihn im … Real Life töten würde?", fragte Katharina.
„Kein Zweifel", sagte er und trat seine Zigarette aus.

~

Fabrikhalle: factory building, **eingeschlagen:** bashed in, **verrostet:** rusty, **Lenkrad:** steering wheel, **SEK** (Sondereinsatzkommando): German special police forces (cf. SWAT), **sich mit *jdm*. verabreden:** to arrange to meet sb., **Schulterhalfter:** shoulder holster, ***Pass auf dich auf*:** take care of yourself, **unbeleuchteten:** unlit, **Kiesweg:** gravel path, **Dreitagebart:** three-day beard, **bröcklig:** crumbly, **etw. milde ausdrücken:** to put sth. mildly, **Vertrag:** contract, **Hardwarehersteller:** hardware manufacturer, ***bar auf die Kralle*** [ugs.]: cash on the spot, **Vermarktungsmaschinerie:** marketing machinery, ***jdm*. den Spaß an etw. verderben:** to spoil sb.'s enjoyment of sth., **Mitglied:** member, **verraten:** to disclose, **ablehnen:** to refuse, **demütigen:** to humiliate, **Granate:** grenade, **Todesdrohung:** death threat, **IP-Sperre:** IP ban, **vom Erdboden verschluckt werden:** to be swallowed by the earth, **kein Zweifel:** no doubt

✒ Übung

1. Warum legt Katharina ihre Waffe ab?

a) sie will nicht als Polizistin erkannt werden

b) die Waffe hat keine Munition

c) sie hat Angst vor einem Konflikt

2. Was wurde *AvenGelion* angeboten?

a) ein Vertrag mit einem Pharmahersteller

b) ein Vertrag mit einem Hardwarehersteller

c) ein Vertrag mit einem Softwarehersteller

3. Warum hat er das Angebot abgelehnt?

a) er hatte lange nicht mehr trainiert

b) er wollte den Spaß am Spiel behalten

c) er wollte mehr Geld

4. Wer ist *green-IC3* oder *Grün*?

a) ein professioneller Liga-Spieler

b) ein Marketingspezialist

c) ein anderer Spieler im XT Clan

5. Wie hat *Grün* auf die Vertragsablehnung reagiert?

a) er hat *AvenGelion* im Spiel geholfen

b) er hat *AvenGelion* im Spiel gedemütigt

c) er hat das Spielen aufgegeben

6. Wie heißt *Grün* wirklich?

a) nur der Clan weiß es

b) nur Gabriel wusste es

c) niemand weiß es

10. Naja Sputatrix Ata

„Das ist alles?", fragte Kommissar Baumgartner, nachdem Katharina ihm von dem Gespräch am alten Bahnhof erzählt hatte.

Sie nickte und parkte den Wagen neben der Wache. „Immerhin haben wir jetzt einen Täter mit Motiv", sagte sie und stieg aus.

„Ein Täter ohne Gesicht und Namen", sagte Baumgartner und schloss die Beifahrertür.

„Nicht ganz", sagte sie. „Es gibt Hinweise, dass er nach Taiwan ausgewandert ist."

„Taiwan?", sagte Harald, als er die Treppen der Polizeistation hinaufstieg, und hielt für einen Moment inne.

„Was ist?", fragte Katharina, aber Kommissar Baumgartner rannte die Treppen hinauf in Richtung des Büros. Als sie ihn eingeholt hatte, stand er vor einem Laptop, zeigte auf das Bild einer Schlange und sagte: *„Naja sputatrix atra!"*

Katharina legte ihren Mantel ab und sagte: „Wie bitte?"

„Taiwanesische Kobra", sagte Baumgartner. „Grabowski hat nachgewiesen, dass der Junge durch ihr Gift ums Leben gekommen ist."

„Schlangengift? Taiwanesische Kobra? Ich glaub' ich brauch' einen Kaffee", sagte Kommissarin Momsen.

„Moment mal", sagte Harald. „Wie viel Uhr ist es?"

„Viertel vor zwölf", sagte Katharina und gähnte.

„Ich hab' eine Idee!", sagte er, verließ das

Büro und lief die Treppen hinunter. Katharina seufzte und folgte ihm. Im Keller angekommen hörte Baumgartner ein leises Pfeifen. Er schob eine schwere Stahltür zur Seite und sah Grabowski in gleißendem Neonlicht an einer Leiche arbeiten. Baumgartner hörte dem Pfeifen eine Weile lang zu, klatschte dann dreimal in die Hände und sagte: „Bravo!"

Grabowski blickte vom Seziertisch auf, sagte: „Flötenkonzert Nr. 2 in D-Dur", und deutete eine kleine Verbeugung an.

„Herr Kollege, ich habe da mal eine Frage wegen der *Natra arax*", sagte Baumgartner.

„*Naja sputatrix atra*", korrigierte Grabowski und legte sein Skalpell nieder.

„Aha", sagte Baumgartner. „Aber wie kommt das Gift der Taiwan-Kobra nach Deutschland?"

„Entweder auf dem offiziellen Wege, oder über den Schwarzmarkt", sagte Grabowski.

„Offiziell?", fragte Baumgartner.

„Schlangengifte sind ein wichtiger Bestandteil in der Erforschung neuer Medikamente. Das Gift der brasilianischen *Jararaca* zum Beispiel enthält Proteine, die als Basis für blutdrucksenkende Mittel dienen können. Die

Crotalus durissus hingegen, landläufig Klapperschlange genannt, hilft in der Herstellung für Medikamente gegen Krebsgeschwüre und Epilepsie", sagte Grabowski.

„Und wie bekommen die Labore diese Gifte?", fragte Baumgartner.

„Von Giftfarmen", sagte Grabowski und lief zum Waschbecken. „Zum Beispiel in Brasilien oder Südostasien. Dort werden die Tiere täglich gemolken und das Gift geht per Post an Labore in aller Welt. Aber natürlich sind nicht alle Farmen ganz legal."

„Das heißt, es finden keine genauen Kontrollen statt?", fragte Baumgartner.

Grabowski lachte und wusch sich die Hände. „Kontrollen gibt es immer, aber das hält den Handel nicht auf", sagte er.

„Angenommen ich bin eine Privatperson, wie komme ich an besten an Schlangengift?", fragte Harald.

Grabowski trocknete sich die Hände und sagte: „Wenn ich Sie wäre, würde ich im Internet schauen."

„Noch einen Kaffee?", fragte Katharina Kommissar Baumgartner, der mit geröteten Augen vor seinem Bildschirm saß. Er schüttelte den Kopf.

„Die Sonne ist gerade aufgegangen. Willst du nicht mal eine Pause machen?", fragte sie.

„Warum kann ich diese Seite nicht öffnen?", fragte Harald und zeigte auf seinen Bildschirm.

„Du musst dich erst registrieren. Warte, ich mach' dir schnell ein Einwegkonto", sagte Katharina und setzte sich neben ihn.

„Hier kann man angeblich Gift kaufen", sagte Harald.

„Und du glaubst alles, was du im Internet liest?", sagte Katharina, tippte und klickte, und sagte: „Okay, du bist drin."

Harald Baumgartner tippte *Taiwan-Kobra* in das Suchfeld, ohne Ergebnis. Er versuchte es noch einmal, diesmal mit dem Suchbegriff *Naja sputatrix atra*. Es gab genau ein Resultat.

Auf dem Bildschirm erschien eine kurze Beschreibung des Giftes (hochwirksam, tödlich), der Preis ($500) und die bevorzugte Zahlungsweise (Western Union).

„Das kann doch nicht legal sein", sagte Harald. „Das ist ja wie ein Kaufhaus hier. Schau, es gibt sogar Rezensionen!"

"Top Produkt, schnelle Lieferung, professioneller Kontakt", las Katharina.

„Schau mal hier", sagte Katharina. „Da fragt jemand, wie lange es dauert, bis die Wirkung einsetzt. Der hat Nerven!"

„Guck mal auf seinen Namen", sagte Harald.

„green-IC3", las Katharina und schluckte. „Das wurde vor 2 Wochen gepostet."

„Und jetzt?", fragte Harald.

„Es dämmert", sagte Katharina und zeigte zum Fenster. „Vielleicht gehen wir erst einmal schlafen?"

„Nicht bevor du mir zeigst, wie man diesen Grün kontaktieren kann", sagte Harald.

Katharina gähnte und sagte: „Okay, klick mal da oben!"

Die beiden Kommissare starrten auf einen blinkenden Cursor.

„Und was schreiben wir dem?", fragte Katharina.

„Das lass ganz meine Sorge sein", sagte Harald. „Gute Nacht."

~

Wache: police station, **Täter:** suspect, **Gesicht:** face, **auswandern:** to emigrate,

ANDRÉ KLEIN

Treppen hinaufsteigen: to climb the stairs, *jdn.* **einholen:** to catch up with sb., **nachweisen:** to prove, **Keller:** basement, **Pfeifen:** whistling, **Stahltür:** steel door, **gleißend:** glistening, **Flötenkonzert:** flute concert, **andeuten:** to suggest, **Verbeugung:** bow, **Bestandteil:** ingredient, **Erforschung:** research, **den Blutdruck senken:** to lower the blood pressure, **landläufig:** commonly, **Klapperschlange:** rattle snake, **Krebsgeschwür:** cancerous ulcer, **Waschbecken:** sink, **melken:** to milk, **etw. aufhalten:** to stop sth., **gerötete Augen:** reddened eyes, **Einwegkonto:** throw-away account, **hochwirksam:** highly potent, **Zahlungsweise:** payment method, **Kaufhaus:** department store, **Rezensionen:** reviews, **die Wirkung setzt ein:** the (substance) takes effect, **dämmern:** to dawn, *Lass das meine Sorge sein*: *Let me worry about that*

Übung

1. Was will Baumgartner von Grabowski wissen?

a) wie Schlangengift wirkt

b) wie Schlangengift nach Deutschland kommt

c) wie viel Schlangengift kostet

2. Wozu brauchen Medizinlabore Schlangengift?

a) zur Herstellung von Medikamenten

b) zur Behandlung von Schlangenbissen

c) zur Herstellung von Rauschgift

3. Was findet Baumgartner im Internet?

a) ein Online-Kaufhaus für Schlangenzähne

b) ein Online-Kaufhaus für Schlangengifte

c) ein Online-Kaufhaus für Schlangenhaut

4. Wo findet Baumgartner den Namen *green-IC3*?

a) neben einer Frage zum Gift der Klapperschlange

b) neben einer Frage zum Gift der Taiwan-Kobra

c) neben einer Frage zum Gift der *Jararaca*

11. Mittagsschlaf

Katharina lag in ihrem Bett und schlief. Die Bettdecke lag halb auf dem Boden und die Kommissarin umarmte ein Kissen, als plötzlich ihr Handy klingelte.

Sie streckte sich und griff nach dem Telefon auf dem Nachttisch. „Katharina, wir haben ihn!", rief Harald am anderen Ende der Leitung.

„Weißt du wie viel Uhr es ist?", sagte Katharina und setzte sich aufrecht.

„Zwölf Uhr mittags", sagte Harald. „Wenn du dich beeilst, können wir in der Kantine etwas essen, bevor es losgeht."

„Bevor was losgeht?", fragte Katharina und gähnte ins Telefon.

„Erzähl ich dir später. Soll ich dich abholen?", fragte Harald.

„Gib mir fünf Minuten", sagte Katharina und torkelte ins Badezimmer.

Als sie aus der Dusche trat, klingelte es an der Tür. Katharina Momsen wickelte sich ein Handtuch um und lief durch den Flur. Sie öffnete die Tür und ließ Harald hinein.

„Ich bin gleich fertig", sagte sie. „Mach mal Kaffee, bitte!"

Wenige Minuten später saßen Harald und Katharina in der kleinen Küche vor ihren dampfenden Tassen.

„Also, was hast du herausgefunden?", fragte Katharina.

„Ich habe heute Nachmittag einen Termin mit Herrn Grün", sagte Harald.

„Was?", rief Katharina. „Wo denn?"

„Das wirst du schon sehen", sagte Harald.

~

umarmen: to hug, **sich strecken:** to stretch oneself, **Nachttisch:** bed table, **aufrecht:** upright, **beeilen:** to hurry, **losgehen:** to go off, **gähnte:** yawn, *jdn.* **abholen:** to pick up, **torkeln**: to totter, **wickeln**: to wrap, **Flur:** hallway

Übung

1. Was macht Katharina, als Harald anruft?

a) sie schläft

b) sie kocht

c) sie macht Sport

2. Mit wem hat Baumgartner einen Termin?

a) mit Karminski

b) mit Herrn Rommelmeyer

c) mit Grün

3. Welcher Satz ist nicht korrekt?

a) Er gibt Kaffee in die Tasse.

b) Er gießt Kaffee in die Tasse.

c) Er geht Kaffee in die Tasse.

DES SPIELERS TOD

12. Tag im Park

D ie Sonne schien und tauchte den Park in goldenes Licht. Es war als ob der Sommer eine letzte Rückkehr wagte, bevor er endgültig im Winter zu versinken drohte.

„Ganz schön viel los heute", sagte Katharina und zeigte auf die vielen Spaziergänger.

„Wenn du mich fragst, hat er genau deshalb

diesen Treffpunkt gewählt", sagte Baumgartner. „Okay, da vorne rechts. Folge mir in einem Abstand von circa hundert Metern!"

Katharina nickte, verlangsamte ihre Schritte und sah Kommissar Baumgartner hinter ein paar kahlen Eichen verschwinden und über eine schmale Holzbrücke laufen.

Sie wartete ein paar Sekunden, folgte ihm über die Brücke, und sah Baumgartner auf eine Lichtung zugehen. In der Mitte der Lichtung standen ein paar Picknicktische aus Beton. An einem der Tische saß ein Mann mit Hut und Sonnenbrille, mehr konnte Katharina aus der Ferne nicht viel erkennen.

Kommissarin Momsen versteckte sich hinter einem Baum und beobachtete, wie Baumgartner sich zu dem Mann an den Tisch setzte. Ein paar hundert Meter hinter ihnen erschien ein Junge mit einem Drachen unter dem Arm auf der Wiese. Er lief in die Mitte der Lichtung, ließ seinen Drachen in die Luft steigen und rannte über das Gras, die Augen im Himmel.

Baumgartner und der Mann am Tisch waren zu sehr in ihr Gespräch vertieft, als dass sie den Jungen bemerkt hätten. Katharina sah, wie

Baumgartner gestikulierend auf den Mann einredete. Plötzlich sprang der Mann auf und Baumgartner zückte seine Waffe.

„Harald!", schrie Katharina, als der Junge mit dem Drachen hinter dem Rücken des Mannes vorbeilief. „Nicht schießen!"

Harald drehte sich um, und der Mann begann zu rennen. Kommissar Baumgartner rannte hinter ihm her, Katharina folgte in einiger Entfernung, als der Mann über einen Ast stolperte und auf den feuchten Waldboden fiel. Er stand schnell wieder auf, aber da hatte Kommissar Baumgartner ihn schon eingeholt und legte ihm die Handschellen an.

Als Katharina die beiden erreicht hatte, sah sie, dass der Mann niemand anderes war als Karminski, der Inhaber des Internet-Cafés.

~

in Licht tauchen: to bath in light, **endgültig**: finally, **zu versinken** drohen: to be in danger of sinking, **Abstand**: distance, **verlangsamen**: to slow down, **Eiche**: oak, **schmal**: narrow, **Lichtung**: clearing, **Beton**: concrete, **beobachten**: to observe, **Drachen**: kite, **in ein Gespräch vertieft** sein: to be deep in conversation, **auf jdn. einreden**: to talk insistently to sb., **eine Waffe zücken**: to draw a weapon, **schießen**: to shoot, **Ast**: branch, **feucht**: moist, **Waldboden**: forest floor, *jdn.* **einholen**: to catch up with sb., **Handschellen**: handcuffs

Übung

1. Wie ist das Wetter?

a) sehr schlecht

b) sehr gut

c) mittelmäßig

2. Warum hat Grün den Park als Treffpunkt gewählt?

a) weil sehr viele Menschen unterwegs sind

b) weil sehr wenige Menschen unterwegs sind

c) weil die Sonne scheint

3. Warum ruft Katharina: „Nicht schießen!"?

a) um Baumgartner zu schützen

b) um den Jungen zu schützen

c) um Grün zu schützen

4. Wer ist Grün?

a) Karminski

b) Rommelmeyer

c) Grabowski

13. Neuer Versuch

Nachdem die beiden Kommissare Herrn Karminski an einen Streifenwagen übergeben und aufs Revier geschickt hatten, setzten sie sich auf eine Parkbank in die Sonne.

„Eins verstehe ich nicht", sagte Katharina. „Warum ist er nicht sofort geflüchtet, als er dich erkannt hat?"

„Er stand für einen Moment unter Schock. Dann habe ich ihm geraten sich zu stellen", sagte Harald.

„Und wie hast du es geschafft, dass er sich mit dir trifft?", fragte Katharina.

Harald Baumgartner lachte und sagte: „Ich bin vielleicht nicht gut mit Computern, aber mir war sofort klar, dass, wenn es sich hier um denselben Grün handelte, der Avengelion den Erfolg nicht gönnte, ich nur ein bisschen Salz in alte Wunden streuen musste."

„Salz?", fragte Katharina und streckte ihre Arme.

„Die Pro-Liga. Ich habe ihn um Entschuldigung gebeten, dass ich ihn auf diesem Wege kontaktiere, bla bla, aber er sei so schwer zu finden und ich hätte alte Aufnahmen von seinem Spiel gesehen und sei beeindruckt, bla, bla, und ob er nicht zu einem Gespräch bereit sei. Das ganze habe ich dann unterzeichnet mit dem Namen eines hochrangigen Ligavorsitzenden, den ich im Netz gefunden habe", sagte Harald.

„Nicht schlecht", sagte Katharina. „Apropos Briefe schreiben, hast du schon Antwort auf deine Kontaktanzeige bekommen?"

Kommissar Baumgartner blickte zu Boden und schüttelte den Kopf.

„Ich habe vielleicht keinen so ausgeprägten Spürsinn wie du, aber ich weiß, wie man eine Annonce formuliert, dass sich Frauen angesprochen fühlen", sagte Katharina. „Lässt du mich etwas für dich schreiben?"

„In Ordnung, aber du bekommst dafür Unterricht bei mir im Kartenlesen", sagte Baumgartner.

„Abgemacht", sagte Kommissarin Momsen und lächelte.

~

Streifenwagen: patrol car, *jdm.* **etw. übergeben**: to pass sth. to sb., **flüchten:** to flee, **etw. schaffen:** to accomplish sth., **den Erfolg nicht gönnen:** to grudge sb. sth., **Salz in alte Wunden** streuen: to rub salt into the wound, **Entschuldigung:** apology, **Vorsitzender:** chairman, **Spürsinn:** investigative skill, **sich angesprochen fühlen:** to feel spoken to, **Unterricht:** lessons, **Kartenlesen:** reading maps

Übung

1. Warum ist Karminski nicht geflohen, als er Baumgartner gesehen hat?

a) er stand unter Schock

b) er wollte Baumgartner töten

c) er ist blind

2. Was hat Baumgartner Karminski geschrieben, dass er zu einem Treffen bereit war?

a) Baumgartner hat sich als Vertreter der Pro-Liga ausgegeben

b) Baumgartner hat sich als Vertreter einer Schlangenfarm ausgegeben

c) Baumgartner hat sich als Vertreter eines Internet-Anbieters ausgegeben

3. Hat sich jemand auf Haralds Kontaktanzeige gemeldet?

a) ja

b) nein

c) es ist unklar

4. Katharina will Baumgartner beim Schreiben helfen. Womit will Baumgartner Katharina im Gegenzug helfen?

a) beim Kartenspielen

b) beim Kartenlegen

c) beim Kartenlesen

Answer Key / Lösungen

1. b, a, b
2. b, c, a, c
3. a, b, a, c
4. c, c, a, b
5. a, b, b, a
6. b, a, b, c, b
7. a, b, c, c
8. b, a, a, b
9. a, b, b, c, b, c
10. b, a, b, b
11. a, c, c
12. b, a, b, a
13. a, a, b, c

Acknowledgements

All illustrations and words by André Klein. Special thanks to: Nico Sauer, Dimitri Boscainos, Tana Foxs Deutsch IV Klasse (Hudson High School, Ohio) and everyone else who contributed constructive feedback along the way.

This book is an independent production. Did you find any typos or broken links? Send an email to the author at andre@learnoutlive.com and if your suggestion makes it into the next edition, your name will be listed here.

About the Author

André Klein was born in Germany, has grown up and lived in many different places including Thailand, Sweden and Israel. He has produced two music albums, performed and organized literary readings, curated an experimental television program and is the author of various short stories and non-fiction works.

Website: andreklein.net
Twitter: **twitter.com/barrencode**
Blog: **learnoutlive.com/blog**

Collect all Episodes of the Bestselling Baumgartner & Momsen Murder Mystery Series by André Klein

He is a grumpy old-fashioned flatfoot with an infallible instinct for catching killers, she's a sassy sleuth and a cold sober markswoman. Get all the adventures of Kommissar Baumgartner and his colleague Kommissarin Katharina Momsen now and learn German effortlessly with special emphasis on idioms and natural language crammed with humor and suspense.

Episode 1: *Mord Am Morgen*

In an abandoned house at the outskirts of a small town, an unidentified body has been found. Can you help Kommissar Harald Baumgartner and his colleague Katharina Momsen solve this case and improve your vocabulary along the way?

available as ebook & paperback

Episode 2: *Die Dritte Hand*

In a small seaside town body parts start appearing out of nowhere. To whom do they belong? Can you help Kommissar Baumgartner and his colleague Kommissarin Momsen identify and catch the murderer?

available as ebook & paperback

Get Free News & Updates

Go to the address below and sign up for free to receive irregular updates about new German related ebooks, free promotions and more:

www.learnoutlive.com/german-newsletter

You Might Also Like ...

Learning German With Stories And Pictures:
Fred Der Fisch

A German picture book about an unusual friendship between two pets.

available as ebook on Amazon and Kobobooks

~ includes vocabulary and exercises ~

Learning German With Stories And Pictures:
Bert Das Buch

A German picture book about ... books in the age of digital reading. Help Bert unravel the mystery of the book-threatening "reading machine". What does it want? Where does it come from? And will he be able to protect his leather-bound friends from its hungry jaws?

available as paperback and ebook on Amazon, Barnes & Noble, iBooks, Kobobooks and more ...

~ includes vocabulary and exercises ~

Thank you for supporting independent publishing!

learnoutlive.com

Printed in Great Britain
by Amazon.co.uk, Ltd.,
Marston Gate.